AF343245

THÉATRE DU PALAIS-ROYAL.

LA MÈRE MOREAU

DÉBIT DE CHINOIS, MÊLÉ DE PRUNES ET DE COUPLETS

POCHADE EN UN ACTE

Par MM. CLAIRVILLE et Jules CORDIER

Représentée, pour la première fois, à Paris, sur le théâtre du PALAIS-ROYAL, le 1er août 1852.

PRIX : 60 CENTIMES.

Paris

BECK, LIBRAIRE, RUE DES GRANDS-AUGUSTINS, 20

TRESSE, successeur de J.-N. BARBA, Palais-Royal.

1852

LA MÈRE MOREAU

COMÉDIE-VAUDEVILLE EN DEUX ACTES, MÊLÉE DE CHANTS ET DE COUPLETS

PRÉCÉDÉE EN UN ACTE

PAR MM. CLAIRVILLE et Jules CORDIER

Représentée pour la première fois, à Paris, sur le théâtre du PALAIS-ROYAL,
le ... septembre ...

PRIX : 50 CENTIMES

Paris

LOCAL LIBRAIRIE, RUE DES GRANDS-AUGUSTINS, 20

1852

LA MÈRE MOREAU

DÉBIT DE CHINOIS, MÉLÉ DE PRUNES ET DE COUPLETS,

POCHADE EN UN ACTE,

Par MM. CLAIRVILLE et Jules CORDIER,

Représentée, pour la première fois, à Paris, sur le théâtre du PALAIS-ROYAL, le 1er Août 1852.

PERSONNAGES.		ACTEURS.
LE PÈRE MOREAU, sous le costume féminin		MM. Grassot.
OCTAVIE, sa femme		Juliette Pelletier.
ROUSTOUBIC		Amant.
PAILLETTE		Mlles Azimont.
COLIBRI		Gallois.
ZERLINE	demoiselles de comptoir.	Chaudière.
FÉLICITÉ		Alice.
BERLUREAU		MM. Lacourière.
FOURNICHON		Augustin.
MOUTONNARD	amoureux des demoiselles de comptoir.	Lemeunier.
CRUCHONNET		Michon.
BAPTISTE		Ferdinand.
Consommateurs des deux sexes		

Une boutique de distillateur, riche comptoir au fond masqué par deux grands rideaux. Porte d'entrée, à droite, premier plan ; porte de la cave, à droite, troisième plan ; porte à gauche.

SCÈNE PREMIÈRE.

PAILLETTE, COLIBRI, ZERLINE, FÉLICITÉ, BERLUREAU, FOURNICHON, MOUTONNARD, CRUCHONNET, *groupés de diverses façons.*

CHOEUR.

Air : *Plus d'amour, de bonheur.*

LES FEMMES.

Des hommes, c'est nouveau
Dans les lieux où nous sommes !
Doit-on trouver des hommes
Chez la mère Moreau !

LES HOMMES.

Nous chasser serait beau !
Pourquoi chasser les hommes ?
Songez donc que nous sommes
Chez la mère Moreau !

BERLUREAU. Ah ! ma petite Paillette !

FOURNICHON. Mon adorée Colibri !

MOUTONNARD. Ma Zerline enchanteresse !

CRUCHONNET. Ma grosse Félicité !

PAILLETTE. Assez de cajoleries comme ça.

ZERLINE. Nous ne sommes pas ici pour batifoler.

PAILLETTE. Mais pour verser.

COLIBRI. Et respect aux nouvelles verseuses de la mère Moreau !

Air : *Vaudeville de Fanchon.*

Bonsoir à la tendresse !

ZERLINE.

Bonjour à la sagesse !

LES JEUNES GENS.

Pour le coup, voilà du nouveau !

PAILLETTE.

Quoique sentimentale,
Pour chaque grisette, il est beau,
De se montrer morale
Chez la mère Moreau.

TOUTES.

Il faut être morale
Chez la mère Moreau.

BERLUREAU. Mais c'est donc une tigresse, que cette mère Moreau ?

PAILLETTE. Figurez-vous l'ours du Jardin-des-Plantes vendant des prunes à l'eau-de-vie.

ZERLINE. Elle est féroce sur les principes.

COLIBRI. Et pourtant, c'est la femme du monde la meilleure...

PAILLETTE. La plus aimante...

ZERLINE. La plus embrassante...

FOURNICHON. Elle vous embrasse ?

FÉLICITÉ. Comme si nous étions ses propres filles.

(G.)

BERLUREAU. Ah! que ne suis-je la mère Moreau!

FOURNICHON. Ça doit être quelque duègne espagnole en déconfiture qui se sera mise dans le liquide.

ZERLINE. Je le croirais assez, car elle déteste les hommes... Elle dit que c'est tous des monstres.

BERLUREAU. Est-ce que c'est la même mère Moreau qui débite des prunes sur le Pont-Neuf? (*On rit.*)

FÉLICITÉ. Êtes-vous bête, Berlureau! puisque nous sommes sur le boulevard!.. seulement elle s'appelle comme l'autre.

PAILLETTE. Mais voilà midi, l'ouverture de la boutique a lieu aujourd'hui à une heure... décampons.

TOUTES LES AUTRES, *à leurs amoureux.* Oui, oui, décampez.

BERLUREAU. Oh! Paillette! que je vous aimais bien mieux quand vous n'étiez pas dans les bocaux.

Air : *Adieu, je vous fuis, bois charmant.*

> Toujours libre de vous aimer,
> Sans qu'il m'en coûtât un centime,
> Je pouvais, sans rien consommer,
> Vous peindre un amour légitime...
> A mes yeux vous étiez jadis,
> La plus adorable des brunes,
> Chez vous j'étais reçu gratis,
> Et ce n'était pas pour des prunes.
> Quand vous me receviez jadis,
> Ce n'était jamais pour des prunes,
> Non, ce n'était pas pour des prunes.

PAILLETTE. Qu'est-ce à dire, monsieur Berlureau? voudriez-vous donner à penser que ma vertu...

FOURNICHON. Ainsi, désormais, plus moyen de vous voir, de vous rien demander?

COLIBRI. Si fait, vous pouvez nous demander des prunes pour deux sous.

BERLUREAU. Bigre! mais des déclarations à dix centimes la pièce, ça met l'amour hors de prix.

ZERLINE. Possible... Mais, telles sont nos instructions alcooliques.

PAILLETTE. Ainsi décampez.

TOUTES. Oui, décampez!

SCÈNE II.

LES MÊMES, OCTAVIE.

(*Octavie au milieu, couples à droite et à gauche.*)

OCTAVIE. Pardon, Mesdemoiselles, vous ne connaîtriez pas par hasard ici M. Moreau?

PAILLETTE. Non, Madame, non, nous ne connaissons ici que la mère Moreau.

OCTAVIE, *à elle-même.* Allons... c'est encore un faux renseignement. (*Fausse sortie.*) Bien fâchée, Mesdemoiselles.

COLIBRI. Quoique la boutique ne soit pas encore ouverte... si, par hasard, Madame était entrée pour un cédrat?

OCTAVIE. Pour un cédrat? non... j'étais entrée ici pour un scélérat... un vieux drôle de Moreau que j'ai épousé il y a un an, dans le midi de la France, et qui, depuis un mois, m'a laissée en plein midi pour reverdir.

PAILLETTE. Ah! le gueux!

OCTAVIE. Le mot est encore trop doux, car figurez-vous, Mesdemoiselles, qu'en me quittant il a tout emporté... mon amour, son cœur et plusieurs billets de mille.

COLIBRI. C'est donc un séducteur?

BERLUREAU. Ou un filou?

OCTAVIE. C'est un ogre pour le beau sexe... un homme très-dangereux, non qu'il soit beau... au contraire... il est affreux!

Air : *Ah! si Madame me voyait.*

> Mais c'est un homme du Midi
> Et ses passions sont terribles;
> A tromper mille cœurs sensibles,
> Quand il commence le lundi,
> Ça va jusques au samedi,
> Dans la plus triste des demeures,
> Quand il revenait refroidi,
> Il ne rentrait qu'après onze heures...

PAILLETTE.
> C'est mal pour un homme du Midi.

FOURNICHON. Et Madame est à la recherche de ce terrible Moreau?

OCTAVIE. Hélas!.. oui, Monsieur. A la Préfecture, où je me suis adressée, on m'a envoyée chez tous les Moreau de Paris : Moreau épiciers, Moreau teinturiers, Moreau pâtissiers... j'ai même vu des marquis et des *comtes Moreau.* Ça m'a bien étonnée... mais pardon, Mesdemoiselles, je reste là à babiller, et j'ai encore vingt Moreau à visiter.

Air : *Premier chœur des Pilules du diable.*

> Quoiqu'ayant juré mort au
> Plus coupable des Moreau,
> Je vais chercher un Moreau
> Sur chaque écriteau.

TOUS.
> Quoiqu'ayant juré mort au
> Plus coupable des Moreau,
> Allez chercher un Moreau
> Sur chaque écriteau.

OCTAVIE.
> Quoiqu'ayant juré, etc.

(*Elle sort.*)

SCÈNE III.

LES MÊMES, moins OCTAVIE.

PAILLETTE. Maintenant, Messieurs, fichez-nous le camp.

FOURNICHON. Ah! Mesdemoiselles, c'est de la cruauté!

MOUTONNARD. De l'insensibilité!

CRUCHONNET. De l'atrocité!

BERLUREAU. De la férocité!

PAILLETTE. C'est une nécessité.

LES DEMOISELLES.

Air de Gibby.

Retirez-vous
Bien vite, laissez-nous,
Oui, partez tout de suite,
Et plus d'espoir,
Ce n'est qu'à ce comptoir
Qu'à présent on pourra nous voir.

FOURNICHON.

Ciel! que dites-vous!
Mais à deux sous
Par chaqu' visite,
Dix visit's par jour,
Ça f'ra d'amour
Un franc par jour!
Ça met le sentiment
A trois cent soixante-cinq francs par an.

ENSEMBLE.

LES JEUNES GENS.

Retirons-nous
Bien vite, partons tous,
Oui, partons tout de suite,
Et plus d'espoir,
Ce n'est qu'à ce comptoir
Qu'à présent on pourra les voir.

LES DEMOISELLES.

Retirez-vous
Bien vite, laissez-nous, etc.

CODA.

Au revoir!
Et ce soir,
Nous reviendr-ons/oz- Vous voi!

FÉLICITÉ. Enfin, les voilà partis!

COLIBRI. Ça n'a pas été sans peine.

MOREAU, *en dehors.* Je vous réitère que telle est ma volonté.

PAILLETTE. Il était temps...

SCÈNE IV.

PAILLETTE, COLIBRI, ZERLINE, FÉLICITÉ, MOREAU, *en riche costume de comptoir.*

MOREAU, *entrant, à la cantonade.* Si l'on apporte des cadeaux, j'en cadeauterai mes demoiselles de comptoir. (*Les apercevant.*) Ah! les voilà, ces petites moutonnes (1).

PAILLETTE, *examinant la toilette de la mère Moreau.*) Ah! madame Moreau, les riches couleurs!...

MOREAU. On me conseillait la couleur cerise, parce que c'est en cerise qu'on nous guigne.... mais j'ai préféré...

COLIBRI. Quelle toilette éblouissante!

MOREAU. Oui, c'est assez chouette... mais rien

1 T. Z. M. P. C.

de trop agaçant, n'est-ce pas? parce que, voyez-vous, ces polissons d'hommes, quand on a quelques jolis restes..... (*Montrant sa taille et ses charmes.*) et, entre nous, tout ça c'est à moi.

COLIBRI. Ah! mère Moreau, que vous êtes bien conservée!

MOREAU. Oui, j'ai encore quelques charmes par ci.... par là.... de côté et d'autre. (*Montrant sa sous-jupe crinoline.*) surtout..... de l'autre. Eh bien! eh bien! est-ce qu'on ne vient pas embrasser cette bonne petite mère?

FÉLICITÉ. Tiens!.... pourquoi donc... c'est pas aujourd'hui votre fête?

MOREAU. C'est tous les jours ma fête..... je suis de la Toussaint. (*Embrassant Paillette.*) Elle a les joues fraîches comme une pomme d'api. (*Lui portant la main au corsage.* Seulement la robe est trop montante.

PAILLETTE. Mais, Madame...

MOREAU. Bah! entre beau sexe... (*Embrassant Zerline.*) La chasteté de la sensitive! Vous devriez porter un corsage un peu plus plat.

ZERLINE. Ah! ne touchez pas, je suis chatouilleuse.

MOREAU. J'entends bien que vous le soyez toutes... chatouilleuses... sur la morale.

PAILLETTE. Mais vous ne nous donnez pas vos instructions pour l'ouverture du magasin.

MOREAU. Ah! c'est juste. Voici bientôt l'heure où je vais faire gober aux Parisiens les produits de mon industrie. Supposez, par exemple, qu'un monsieur qui vous a demandé un abricot, s'aperçoive que c'est une prune qu'il avale.

TOUTES. Comment?

MOREAU. Dans votre état, celle qui ne sait pas vendre une prune pour un abricot, pèche.... (*Changeant de ton.*) Pour lors, à la grimace de ce monsieur, vous répondez par le plus joli sourire... (*Souriant.*) tenez, dans ce numéro-là.

MOREAU.

Air: Voici la manière.

Lorsque les pratiques
Se plaindront à vous,
Par un tas d' rubriques,
Calmez leur courroux,
Qu'un mot égrillard
L'emporte sur la gourmandise,
Que votre regard
Fasse passer la marchandise.
Tâcher de leur plaire,
Pour les régaler,
Voilà la manière
D' fair' tout avaler.

TOUTES.

Tâchons de leur plaire,
Pour les régaler.
Telle est la manière
D' fair' tout avaler.

MOREAU.

DEUXIÈME COUPLET.

D'un ton lamentable,
Quand on vous dira :
Dieu! c'est détestable!
Que m' servez-vous là?
Afin d'assoupir
Cette clameur accusatrice,
Poussez un soupir,
Ou risquez un œil en coulisse...
Le goût doit se taire
Et le cœur parler ;
Voilà la manière
D' fair' tout avaler.

TOUTES.

Le goût doit se taire, etc.

PAILLETTE. Mais c'est très-immoral ce que vous nous conseillez là.

MOREAU. Non, ça n'est pas immoral, c'est commercial. Mais à propos de commerce, et mes chinois? ces délicieux chinois que j'avais préparés... ont-ils de la tournure?

PAILLETTE. Oui, Madame, ils ont de la tournure, ils sont tous tournés.

MOREAU. Comment! mes chinois?

PAILLETTE. Dame! vos petites oranges vertes, c'étaient des pommes.

MOREAU. C'étaient des petites pommes vertes. Ah! grand Dieu! comment allons-nous faire? Mais je vais manquer mon ouverture; mais, sapristi! je ne peux pourtant pas ouvrir une boutique de chinois, sans chinois! Ah! mes enfants, vous venez de me porter un coup.... pour une faible femme... je crois que je vais m'évanouir.

TOUTES. Ciel! (*Elles l'entourent.*)

MOREAU, *assis.* Tapez-moi dans la main...

SCÈNE V.

LES MÊMES, BERLUREAU.

BERLUREAU, *entrant, deuxième plan.* J'ai de la monnaie, et je vais consommer...

MOREAU, *se levant.* Eh bien! non, je ne m'évanouirai pas.

BERLUREAU. Que vois-je!

MOREAU. Il s'agit, aujourd'hui, d'enfoncer toutes mes concurrentes, de frapper, d'éblouir, d'électriser le Parisien, et pour cela, que me faut-il? des chinois; pas des chinois de France ; mais de vrais chinois, des chinois authentiques!

BERLUREAU, *à part.* Des chinois de Chine!

MOREAU. Je vais envoyer Baptiste à la porte Chinoise m'en chercher.

BERLUREAU. Qu'est-ce que j'entends là?

MOREAU. C'est de la dépense, mais il faut frapper un grand coup... vous, Mesdemoiselles, vous ne recevrez personne avant de les avoir reçus, et je vous ordonne de les bien ménager et surtout de les faire valoir.

BERLUREAU, *à part.* Ah! quelle idée!.. (*Il sort.*)

MOREAU, *appelant.* Baptiste! Baptiste!

BAPTISTE, *deuxième plan.* Voilà! voilà!

MOREAU. Cours à la porte Chinoise, prends trois commissionnaires, et reviens bien vite avec quatre bocaux de chinois, première qualité!

PAILLETTE. Maintenant, nous pouvons aller nous habiller.

MOREAU, *tout en écrivant.* Ah! encore une recommandation... vous m'appellerez quand vous en serez au corset.

PAILLETTE. Et pourquoi donc, au corset!

MOREAU. Dans l'intérêt de la morale... toujours!...

Air de *Zanetta.*

Que l'on se fasse bien belles,
Rappelez-vous que ce soir,
Vous êtes, Mesdemoiselles,
Des majestés de comptoir.

LES JEUNES FILLES.

Dépêchons, Mesdemoiselles,
Et songeons bien que ce soir,
Il faut paraître bien belles
En majestés de comptoir.

(*Elles sortent.*)

SCÈNE VI.

MOREAU, *seul, redescendant la scène, et comme s'il parlait au public.* Je ne pouvais pas leur dire ça... mais j'éprouve la nécessité de me dire à moi-même que je suis un affreux brigand... pas plus de mère Moreau que de... c'est de la platitude, toute ma conduite. Mais le besoin de vendre des prunes, l'obligation de me soustraire à la voracité d'une épouse méridionale qui ne se nourrissait que de jalousie, de bouillabaisse et de brandade de morue!.. Bref, voilà ce que c'est : le sexe, je l'adore, et j'aime le commerce des liqueurs que je tripote assez agréablement... mais ma femme, de nature andalouse, quoique Marseillaise, s'opposait à ce double commerce... que fais-je alors? je balance la femme et la maison... je viens à Paris, j'y loue cette boutique, je la garnis de prunes, d'abricots, de pêches et surtout de jeunes pêcheuses ; et comme un homme se retrouve aisément, surtout quand son physique n'est pas commun, je me métamorphose en mère Moreau; je déguise mon sexe au moyen de ce cotillon, et depuis je nage en plein Océan de confitures.

Air d'*Astolphe et Joconde.* (La Femme, le Mari et l'Amant.)

C'est la mèr' Moreau,
Prodige nouveau!
Toujours en femme comme
En homme,

L'esprit, les appas,
Ne me manquent pas,
Je prétends dégoter Faublas.
Ma femme fera
Ce qu'elle voudra,
Je m'en moque!
Rien ne me choque.
Pour vivre en s'aimant
Conjugalement,
Il faut vivre séparément.
Loin d'elle faisons
Mille passions
Aussi vives
Que lucratives;
Les consommateurs
Seront amateurs
De mes appas, de mes liqueurs.
Mais le soir, quand j'abdique,
Changeant de sexe et de physique,
Mes filles de boutique
Me tiendront des propos flatteurs.
Ainsi, chaque jour,
Changeant tour à tour,
Heureux en femme comme
En homme,
Tout me sourira,
Et l'on me verra
Tour à tour odalisque et pacha.
C'est la mère Moreau,
Prodige nouveau, etc.

SCÈNE VII.

MOREAU, ROUSTOUBIC (1).

ROUSTOUBIC. Ne vous dérangez pas, mère Moreau, c'est moi, le gourmet dégustateur assermenté.

MOREAU, *à lui-même, avec inquiétude.* Hein?

ROUSTOUBIC, *regardant tout autour de lui.* Superbe local!

MOREAU, *de même.* Sacristi! mais c'est l'homme délégué par le gouvernement pour la dégustation et vérification de mes liquides.

ROUSTOUBIC, *à part.* Si elle se doutait que je suis un faux vérificateur! (*Haut.*) Vous n'avez rien de sophistiqué ici?

MOREAU. De sophistiqué! par exemple! moi, Angélique, Blanche, Modeste, Simplette, veuve Moreau, incapable de tromper une mouche! vous allez en juger. (*Il sort à gauche.*)

ROUSTOUBIC, *à part.* Cette femme est très-riche, et très-bien conservée... ma position fallacieuse de dégustateur me donne des droits superbes à sa main... Je vais la chauffer.

MOREAU, *rentrant, avec une prune dans un verre.* Tenez, goûtez-moi ça par plaisir.

ROUSTOUBIC, *la mangeant.* Délicieuse! mais comme je ne suis pas venu ici pour des... où sont vos eaux-de-vie?

MOREAU, *à part.* Aïe! aïe! aïe! (*Retenant Roustoubic qui remontait la scène.*) Pardon, jeune homme.

ROUSTOUBIC, *surpris et flatté.* Plaît-il?

MOREAU, *à part.* Amadouons ce vieux sec. (*Haut.*) Ne vous appelez-vous pas monsieur... (*Feignant de chercher.*) Rous... Ros... un de ces noms vaporeux qui font breloquer le cœur des femmes?

ROUSTOUBIC. Roustoubic.

MOREAU. Roustoubic... c'est bien ça, ça vous va droit au cœur... Ah! qu'est-ce que je viens de dire, grand Dieu!... et je n'ai pas d'éventail!

ROUSTOUBIC. Quoi! veuve Moreau, vous trouvez...

MOREAU. Rien, rien... excusez-moi... ça m'a échappé!.. quelle petite femme inconséquente je fais!..

ROUSTOUBIC. Ne vous en repentez pas, femme adorable... ne vous en repentez pas.

MOREAU. Roustoubic, vous offrirai-je encore quelque chose de doux? (*Il lui fait des yeux en coulisse.*)

ROUSTOUBIC, *à lui-même.* Quel œil limpide! (*Haut.*) Du doux?.. mais qu'y a-t-il dans un bocal de plus doux que votre regard?

MOREAU. C'est vrai!.. on m'a toujours dit que c'était du velours.

ROUSTOUBIC. Ah! si j'avais l'espoir d'être aimé!

MOREAU. Il en doute... ah!.. grand Dieu il en doute!..

ROUSTOUBIC.
Air : *Cependant je doute encore.*

Dans l'élégante boutique
Que vous seule embellissez,
C'est comme une idole antique
Que vous nous apparaissez.
De cette taille jolie,
De ce corsage enchanteur,
Certes la fraude est bannie...
(*Il veut s'en assurer.*)
MOREAU, *lui donnant une tape.*
Finissez, je vous en prie (1).
ROUSTOUBIC.
Je suis vérificateur. (*Bis.*)
MOREAU, *parlé.* Ah! mais il m'embête.

DEUXIÈME COUPLET.
ROUSTOUBIC.
Oui, vous devez être un ange,
Et tous vos charmes, je crois,
Doivent être sans mélange,
(*Avec intention.*)
Comme le sont vos chinois...
(*Mouvement de Moreau.*)
Pourtant il faut que je glisse
Partout un œil scrutateur.
(*Cherchant à lui prendre la taille.*)
Je dois faire mon service...

MOREAU, *le repoussant avec force.*
Polisson, que ça finissse (1) !
ROUSTOUBIC.
Je suis vérificateur. (*Bis.*)

MOREAU. Eh ! Monsieur, quand on aime une femme, est-ce qu'on la vérifie jamais ! fichez-moi le camp !

ROUSTOUBIC, *piqué.* Ah ! c'est comme ça ! eh bien ! nous allons descendre à votre cave.

MOREAU, *avec inquiétude.* A ma cave !

ROUSTOUBIC. Pour y inspecter vos chinois.

MOREAU. Mes chinois !

ROUSTOUBIC. Oui, ma chère dame, et faire la vérification de vos spiritueux.

MOREAU. Ah ! monsieur Roustoubic ! ça peut être spiritueux ce que vous dites-là, mais ça n'est pas spirituel.

ROUSTOUBIC. C'est possible, mais mon devoir exige… le public est si souvent trompé.

Air de l'*Apothicaire.*

J'ai vu faire, c'est une horreur !
Du vin avec du bois d'Campêche,
Et chez plus d'un distillateur,
D'un abricot on fait un' pêche ;
Pour une poire on donne un navet,
On fait un' prune avec un' pomme,
MOREAU, *à part.*
Ah ! que dirait-il s'il savait
Que j'fais un' femme avec un homme !

ROUSTOUBIC. Allons, allons, descendons.

MOREAU, *à part.* Et tout mon trois-six que j'ai coupé avec de l'eau !… il ne va plus trouver que du trois-trois.

ROUSTOUBIC. Allons, à c'te cave !

MOREAU, *de même.* Ah ! saperlotte ! rien que du trois-trois !

SCÈNE VIII.

Les mêmes, BERLUREAU (2).

BERLUREAU, *il porte un costume très-excentrique et qui le déguise complètement.* Madame Moreau, s'il vous plaît ?

MOREAU. Un riche étranger… Monsieur, je suis certainement très-flattée… mais mon établissement n'est pas ouvert… j'attends encore…

BERLUREAU. Oui, vous attendez des Chinois.

MOREAU. Justement.

BERLUREAU. Je vous les amène, ils sont à la porte…

MOREAU. Vrai ! déjà… Ah ! vite, vite, faites entrer…

1 M. R.
2 R. M. B.

BERLUREAU,
Air : *Nègre* (De la Foire aux Idées).
La Chine les envoie,
Et vrai, sans les vanter,
Je me fais une joie
De vous les présenter.
MOREAU.
Apportez-les bien vite,
Je pourrai m'y fier,
Car Monsieur, tout de suite,
Va les vérifier.
BERLUREAU.
Bien, je vais les faire venir.
(*Il sort.*)

SCÈNE IX.

TOUTES LES DEMOISELLES DE COMPTOIR, *arrivant par la gauche* (1).

LES DEMOISELLES.
Nos costumes vont éblouir
Nous voilà prêtes à servir
Et le magasin peut ouvrir
MOREAU.
Je ne crains plus d'entrave,
ROUSTOUBIC.
Moi je crains du micmac,
Et je veux, à la cave,
Déguster le cognac.
MOREAU, *à part.*
Je suis enfoncé !
BERLUREAU, *rentrant.*
Les voilà !
TOUS, *voyant entrer les Chinois.*
Ah ! grand Dieu ! qu'est-ce que cela !
Et d'où viennent ces Chinois-là ?

SCÈNE X.

Les mêmes, FOURNICHON, CRUCHONNET, MOUTONNARD, *en Chinois* (2).

FOURNICHON, MOUTONNARD, CRUCHONNET.
Ki, ka, ké, ko, ku,
Ba, be, bi, bo, bu,
Ka, ku,
ki, ki, ri, ki, ki, ki,
Ka, ku, ku, pi, pi,
O li.
ENSEMBLE.
Quoi ! lorsque j'attends
       lorsqu'elle attend des liqueurs,
Dignes des premiers amateurs,
Les chinois qu'on lui vantait tant
                   me
Sont des chinois de paravent !
LES CHINOIS.
Ki, ka, ke, ki, ko, ku, etc.

1 R.M. les Demoiselles.
2 R. M. B. les Chinois, les Demoiselles.

MOREAU, *prenant le milieu de la scène* (1). Voulez-vous vous taire! Comment! ce sont là les Chinois que l'on me confie, quand j'attends des chinois confits! (*Aux Chinois.*) Mais vous n'êtes bons qu'à jeter à la porte, et je vais...

BERLUREAU. Madame!

MOREAU, *s'arrêtant*. Eh! mais qu'est-ce que je dis donc, moi? Mais au contraire. (*Riant.*) Ah! ah! ah! c'est charmant, c'est magnifique! (*Aux Chinois.*) Enfants du Céleste-Empire, je vous adopte. Animaux que vous êtes, mettez-vous à ce comptoir.

FOURNICHON. Mi-a-ou... chi-a-ou, you, you, fouillou.

MOREAU. Fouillou! il m'appelle Fouyou!

PAILLETTE. Mais, Madame, ça va nous faire du tort...

MOREAU. Au contraire, ça vous fera ressortir... ils sont très-laids! A vous tous, vous ferez la fortune de mon établissement.

SCÈNE XI.

LES MÊMES, BAPTISTE, *portant des bocaux.*

BAPTISTE. Voilà les chinois!

MOREAU. Encore!... ah! ceux-là, je les adopte aussi... Nous voilà complets... Paillette, ouvrez le magasin.

ROUSTOUBIC. Quand nous serons revenus de la cave.

MOREAU, *à part.* En voilà un que j'abomine!... (*Haut.*) Eh bien! venez-y donc à c'te cave... (*A part.*) Je vais l'empoisonner avec quèque chose... (*Haut.*) Et vous, Mesdemoiselles, ouvrez, je remonte. (*Il sort en poussant Roustoubic devant lui.*)

SCÈNE XII.

LES MÊMES, *moins* MOREAU ET ROUSTOUBIC. (*Les hommes se rapprochent chacun de sa dame.*)

PAILLETTE. Ouvrons!

BERLUREAU. N'ouvrez pas!

PAILLETTE. Qu'est-ce à dire?

LES CHINOIS, *tombant aux genoux des jeunes filles.*) Mi-a-ou! mi-a-ou!

TOUTES. Que signifie?...

FOURNICHON. Eh quoi! vos cœurs ne nous ont pas reconnus?

TOUTES. Eux!

CHŒUR.

Air : *Clochette de la pagode.*

Clochette de la pagode,
Retentissez en ces lieux,!
Les Chinois sont à la mode,
Prenens-les
Prenez-les pour amoureux.

4 R. B. M. Chinois, Demoiselles.

PAILLETTE. Malheureux!.. mais il faut que nous ouvrions notre magasin.

BERLUREAU. Ouvrez, Paillette, ouvrez... et nous, Chinois, au comptoir.

LES CHINOIS, *entraînant les jeunes filles.* Au comptoir, Mesdemoiselles! (*Toutes les jeunes filles et les trois Chinois disparaissent derrière le théâtre.*)

BERLUREAU. Quelle superbe idée j'ai eue là! — Nous voilà de la maison, nous faisons merveille au comptoir, et la mère Moreau qui ne peut plus se passer de nous, nous unit à nos belles. (*Allant au fond.*) Êtes-vous à votre poste?

LES CHINOIS ET LES JEUNES FILLES, *au fond.* Oui, oui.

BERLUREAU. Ouvrons la boutique. (*Allant ouvrir.*) Entrez, Messieurs et Mesdames! (*A ce moment les rideaux s'ouvrent, on aperçoit la boutique et toutes les jeunes filles avec tous les Chinois au comptoir.*)

SCÈNE XIII.

LES MÊMES, CONSOMMATEURS DE TOUS ÉTATS ET DE TOUS SEXES.

CHŒUR.

Air nouveau de *Lautz.*

Nargue du qu'en dira-t-on!
Il faut, malgré le bon ton,
V'nir en blouse en habit noir,
Trinquer au comptoir!

(*Les consommateurs s'approchent du comptoir se font servir et redescendent un peu la scène, à droite et à gauche, tout en mangeant les fruits qu'on leur a servis.*)

VOIX CONFUSES. Des prunes! du cassis! des abricots! des prunes!.. servez-moi! servez moi!

UN MONSIEUR. Tiens! des Chinois véritables pour vendre de faux chinois!

COLIBRI, *à un jeune consommateur, en lui désignant un monsieur.* Pardon, jeune homme, c'est la prune de Monsieur que vous prenez.

LE JEUNE HOMME. Justement! Je vous avais demandé une *prune de Monsieur.* (*Il avale la prune malgré le monsieur qui l'avait demandée.*)

COLIBRI. Farceur!

ZERLINE, *à un homme du peuple.* Qu'est-ce que Monsieur demande?

L'HOMME DU PEUPLE. Du doux pour moi, du mêlé pour mon épouse et du fil en quatre pour mon moutard; il a la colique, c'est pour le remettre.

PAILLETTE. On me doit deux sous, qui est-ce qui n'a pas payé sa consommation?

UNE JEUNE BONNE, *qui a un panier au bras et qui vient de consommer quelque chose.* Ah! mon Dieu! c'est moi! (*Se fouillant.*) Et v'là que je suis désargentée!

UN VIEUX MONSIEUR, *s'approchant de la jeune*

bonne avec intention. Si Mademoiselle voulait me permettre de lui faire des avances?..

LA BONNE, *se retournant et le reconnaissant.* Ciel! mon bourgeois! (*Elle se sauve.*)

LE VIEUX MONSIEUR, *riant.* Tiens! ma bonne!

UN ALLEMAND, *qui vient d'entrer, à Colibri.* Matemoiselle, che foulé pien afoir une brune.

BERLUREAU. Une brune!..

COLIBRI, *surprise..* Avoir une brune? mais, Monsieur...

FÉLICITÉ. Quel est cet insolent? à la porte!

TOUS. A la porte! à la porte!

L'ALLEMAND, *au milieu de la scène et se débattant.* Mais ya, ya, tarteiffle! une brune, bour poire. (*Il fait le geste d'avaler.*)

BERLUREAU, *riant.* Ah!.. c'est un Allemand!

PAILLETTE, *riant.* Un Allemand! (*On rit.*) Servez-lui tout le bocal.

LA FOULE, *criant.* Oui, des prunes! du cassis! des abricots! du punch! servez-moi! servez-moi!

LES JEUNES FILLES. Ah! quelle cohue!

CHŒUR.

Air : *Vaudeville final des grenouilles.*

Chez la mèr' Moreau,
L'habit et le sarreau
   Se grisent
   Et fraternisent
On n' saurait donc trop
S' donner d' coups de sirop
Chez la mèr' Moreau.

COLIBRI.

A chaque âge ses amours,
Et ses bonn's fortunes,
Après les pruneaux de Tours,
Voilà l' tour des prunes.

REPRISE.

Chez la mèr' Moreau, etc.

PAILLETTE.

Si de tous ces grands bocaux
Sortent des fortunes,
C'est qu'on amasse des noyaux
En vendant des prunes.

REPRISE.

Chez la mèr' Moreau, etc.

BERLUREAU.

Si l'enn'mi r'venait d' nouveau,
Toutes nos communes,
Sans l' secours d' la mèr' Moreau,
Se charg'raient des prunes.

REPRISE.

Chez la mèr' Moreau, etc.

(*Sur la fin de l'ensemble tout le monde sort, excepté les personnages de la pièce qui reviennent en te.*)

SCÈNE XIV.

PAILLETTE, COLIBRI, ZERLINE, FÉLICITÉ, BERLUREAU, MOUTONNARD, FOURNICHON, CRUCHONNET.

LES JEUNES GENS. Seuls! nous voilà seuls!

BERLUREAU. Et nous allons relutiner nos charmantes pruneuses. (*Ils veulent embrasser les jeunes filles qui s'y opposent.*)

LES JEUNES FILLES. Mais voulez-vous finir?

SCÈNE XV.

LES MÊMES, OCTAVIE, *au milieu, les autres à droite et à gauche.*

ZERLINE, *à ses compagnes.* Ah! cette jeune dame de ce matin!

OCTAVIE. Pardon, Mesdemoiselles, j'avais oublié.. tiens! des Chinois!.. J'avais oublié un détail du plus haut intérêt... pourriez-vous me dire si la dame Moreau, qui est à la tête de cet établissement, est de la famille des Moreau de Pontoise?

COLIBRI. Nous ne savons...

OCTAVIE. Je voudrais bien la voir, cette dame Moreau.

PAILLETTE. Mais elle est avec le vérificateur, elle va revenir. Si, en attendant la mère Moreau, Madame voulait prendre un fruit...

OCTAVIE. Oui, donnez... (*Zerline la sert.*) Une serviette, s'il vous plaît.

PAILLETTE, *lui donnant une serviette qu'elle tenait à la main.* J'allais vous l'offrir.

OCTAVIE, *apercevant la marque de la serviette.* Que vois-je!.. F. M. le chiffre de mon mari!

TOUTES. Que dit-elle?

OCTAVIE. Oh! oui... ce ne peut être un hasard. (*On entend rire à la cantonade.*)

ZERLINE. Tiens! qui est-ce qui rit donc comme ça? (*Tout le monde, excepté Octavie, tourne la tête du côté d'où viennent les rires.*)

OCTAVIE, *à elle-même.* F. M! Félix Moreau...

FÉLICITÉ, *qui entre en riant.* Ah! Mesdemoiselles... ah! que c'est extraordinaire!

LES JEUNES FILLES. Eh bien! voyons!

FÉLICITÉ. Savez-vous ce que j'ai trouvé dans la chambre de Madame?

LES JEUNES FILLES ET OCTAVIE. Quoi donc?

FÉLICITÉ, *montrant les objets à mesure qu'elle les nomme.* Un rasoir.

TOUS. Un rasoir!

FÉLICITÉ. Une paire de bretelles et un faux-col!

LES JEUNES FILLES. Par exemple!

OCTAVIE. Plus de doute! ah! le va-nu-pieds!

LES JEUNES FILLES. Quoi donc?.

OCTAVIE. Je ne sais encore... je me trompe sans doute, mais il est capable de tout.

PAILLETTE. Expliquez-vous!

COLIBRI. Que soupçonnez-vous, Madame?

OCTAVIE. Je soupçonne que mon mari est ici.

LES JEUNES FILLES. Ici!

OCTAVIE. Et ce rasoir trouvé chez votre maîtresse, ce linge marqué à ses initiales, je le parierais, la mère Moreau, c'est mon mari.

LES JEUNES GENS. Son mari!

OCTAVIE. Qu'entends-je?.. ces Chinois parlent français!

PAILLETTE. Ne faites pas attention... ces Chinois sont nos amoureux. Mais est-il bien possible! cette mère Moreau, qui était toujours à nous embrasser!..

OCTAVIE. Elle vous embrassait!.. c'est lui!

BERLUREAU. La mère Moreau est un père Moreau!.. il faut le tuer.

TOUS. Tuons-le.

OCTAVIE. Un instant!.. cherchons une vengeance moins tragique.

BERLUREAU. Ah! j'en tiens une.

TOUS. Voyons!

BERLUREAU. Et d'abord il faut fermer la boutique.

TOUTES LES DEMOISELLES. Fermons!.. *(Elles ferment la porte d'entrée.)*

BERLUREAU, *à Octavie.* Voilà!.. puisque le père Moreau a changé de sexe, il faut... *(Il lui parle à l'oreille. — On entend le bruit d'une bataille dans la cave.)*

TOUS. Qu'est-ce que ça?

PAILLETTE. Ah! mon Dieu! ils se battent dans la cave.

TOUS. Ils se battent!

MOREAU, *au dehors.* Vous êtes une canaille!.. on ne se conduit pas de la sorte avec une faible femme.

OCTAVIE. C'est lui, c'est sa voix!

Air du *Chapeau de paille.*

Son comptoir me réclame,
Et, pour qu'il tombe en mon pouvoir,
Je peux bien, moi, sa femme,
M'établir au comptoir.

ENSEMBLE.

Même air.

Son comptoir vous réclame,
Pour qu'il tombe en notre pouvoir,
Allons, allons, Madame,
Mettez-vous au comptoir.
Ce comptoir me réclame, etc.

(Sur la reprise, Berlureau sort; Octavie, les demoiselles et les Chinois vont se remettre au comptoir, Octavie au milieu.)

SCÈNE XVI.

LES MÊMES, moins BERLUREAU, plus MOREAU.

MOREAU, *entrant* avec un costume exactement pareil à celui qu'il portait en sortant, mais tout

chiffonné; son bonnet de travers, ses falbalas sont fripés. Va donc, gueux! va donc, gredin!.. je l'ai enfermé dans la cave avec mes spiritueux.

PAILLETTE. Madame veut-elle prendre quelque chose?

MOREAU, *sans regarder.* Merci, je sors d'en prendre.

OCTAVIE. Mais alors, Madame, si vous ne prenez rien, que demandez-vous?

MOREAU. Cette voix!.. *(Il se retourne.)* Ah! sapristi! ah! saperlotte! mais c'est ma femme, ça!

OCTAVIE. Voyons, consommez, ou allez-vous-en.

MOREAU, *stupéfait.* Hein!..

OCTAVIE. Est-ce que vous connaissez cette dame, Mesdemoiselles?

TOUTES. Du tout.

ZERLINE. Nous ne connaissons pas Madame.

MOREAU. Comment, elles ne me connaissent pas!

COLIBRI. Ah! si, je crois avoir eu le plaisir de voir le portrait de Madame sur un pot à tabac.

MOREAU. Pot à tabac!

PAILLETTE. Non, tu confonds, c'est à l'Hippodrome, un vieux singe, tu sais...

MOREAU. Un singe! morbleu! sacrebleu!

OCTAVIE. Elle jure!.. jetez-moi cette vieille folle à la porte.

MOREAU. Vieille folle!.. et me jeter à ma propre porte...

TOUTES. A la porte!.. *(Elles sortent du comptoir, et descendent en scène avec les Chinois.)*

FOURNICHON, *qui avait quitté le comptoir pour chasser Moreau.* Eh! mais, moi reconnaître vous.

MOREAU. Toi, reconnaître moi... un Chinois qui parle nègre!

FOURNICHON. Moi connaître mari à vous.

MOREAU. Mari à moi!..

FOURNICHON. Moi, l'avoir rencontré ce matin.

MOREAU, *gaiement.* Tu as rencontré mon mari ce matin, toi?

FOURNICHON. Lui, avoir dit à moi qu'il donnerait une tripotée à vous.

MOREAU. Une tripotée!..

FOURNICHON. Avec canne à lui.

MOREAU. Ce Chinois m'agace!.. *(Coups au dehors.)* Dieu! Roustoubic qui cogne!

BERLUREAU, *au dehors.* Où est-elle? où est-elle?

FOURNICHON. Ah! voilà mari à vous.

MOREAU, *à lui-même.* Mon mari?.. je suis curieux...

SCÈNE XVII.

LES MÊMES, BERLUREAU. *Il porte une longue barbe, une cravate rouge et un énorme rotin.*

BERLUREAU, *entrant.* Elle est ici, elle est... *(S'arrêtant devant Moreau.)* Ah! te voilà donc, drôlesse!

MOREAU. Il m'appelle drôlesse !

BERLUREAU. C'est donc comme ça que tu plantes là ton homme !

MOREAU. Mon homme !... Monsieur...

BERLUREAU. Monsieur..... elle m'appelle monsieur ! (*Coups au dehors.*)

MOREAU. Dieu ! Roustoubic qui cogne !

BERLUREAU, *faisant tourner son bâton.* Parle, me reconnais-tu ?

ROUSTOUBIC, *en dehors.* C'est affreux !... c'est épouvantable !... (*Il entre.*)

MOREAU, à *part.* Roustoubic !... Oh ! quelle idée !... (*Haut.*) Oui, je te reconnais, viens dans mes bras, cher époux !

SCÈNE XVIII.

LES MÊMES, ROUSTOUBIC.

ROUSTOUBIC, *qui prend le milieu.* Cher époux ! qu'est-ce que j'entends là ?... Comment, scélérate, vous êtes mariée ?

MOREAU. Oui, horreur d'homme ! (*A Berlureau.*) Mon cher ami, veux-tu me faire le plaisir de casser un peu les reins à Monsieur.

ROUSTOUBIC, *passant à gauche avec effroi.* Hein ?... (A la porte !.. (*Elles sortent du fort.*)

MOREAU. Il voulait me faire des mamours...

BERLUREAU, *allant à Roustoubic.* Cornes de bœuf !...

ROUSTOUBIC. Ne l'écoutez pas, c'est elle qui vous trahit.

BERLUREAU, *au milieu, se retournant vers Moreau.* Qu'est-ce que j'entends là ?...

ROUSTOUBIC. A preuve qu'elle me promettait le mariage, pourvu que son tuteur le ratafiât.

BERLUREAU ET MOREAU. Le ratafiât !

ROUSTOUBIC. Le ratifiât, je me trompe, le ratifiât !...

BERLUREAU, *brandissant son bâton sur Moreau.* Ah ! gueuse !... ah ! coquine !... tu me trompais...

MOREAU. Eh ! pas de bêtise !

BERLUREAU, *lui donnant une volée.* Ah ! chienne !.. ah ! pécore !.. ah ! canaille !..

MOREAU. Au secours ! à la garde !

ROUSTOUBIC. Tapez dessus ! tapez dessus !

MOREAU. Arrêtez, je ne suis pas une femme !

TOUS. Hein !...

MOREAU. Je ne suis pas votre femme, Monsieur ! je suis le mari de Madame. (*Il désigne Octavie.*)

OCTAVIE, *jouant la surprise.* Mon mari !

MOREAU. Je ne suis pas la mère, je suis le père Moreau.

TOUS. Le père Moreau !

ROUSTOUBIC. J'allais épouser le père Moreau !

CHŒUR

Air de la Maison du Pecq.

C'est un scandale,
Un scandale
Que rien n'égale
Quelle sera
La morale
De tout cela ?

FOURNICHON

Ah ! c'est un homme, et ce matin
Il embrassait nos belles !

TOUS.
Il faut l'assommer.

MOREAU.
Cré coquin !

LES JEUNES GENS.
Vengeons ces demoiselles.

REPRISE.
C'est un scandale, etc.

(*Pendant cette reprise, on bouscule Moreau.*)

OCTAVIE. La leçon est suffisante, et Monsieur doit comprendre...

MOREAU. Je comprends, je comprends que je suis dégommé.

ROUSTOUBIC. Moi aussi je comprends, je comprends qu'on m'a mis dedans; mais je suis proposé à la...

OCTAVIE. Vous n'êtes préposé à rien du tout, je vous connais, monsieur Roustoubic.

ROUSTOUBIC. Ah ! bigre !

OCTAVIE. Croyez-moi, taisez-vous..... et vous, Mesdemoiselles, rouvrez le magasin, ce n'est plus le père Moreau, c'est la vraie mère Moreau qui recevra la pratique.

TOUS. Vive la mère Moreau !

VAUDEVILLE FINAL.

Air du Chapeau de paille.

FÉLICITÉ.

Air de Fanchon.

Pour avaler des prunes,
Des prunes fort communes,
Chez la mère Moreau l'on va.
Mais sans son industrie,
Et les demoiselles qu'elle a,
La mèr' Moreau, j' parie,
N' l'rait pas avaler ça !

TOUS.
La mèr' Moreau, j' parie, etc.

ZERLINE.

Le chien que l'on impose
A très-bien pris la chose,
On dit que cet impôt lui va,
Et qu'avec courtoisie,
Chez le percepteur il ira.

(*A dater de ce couplet, le personnage qui chante se tait et c'est celui qui est près de lui qui chante le refrain, dont le bis se répète par tout le monde.*)

La mère Moreau, etc.

FOURNICHON.

On dit qu' l'auteur d'*Ulysse*.
Nous parle avec délice
Des troupeaux d' porcs de ce temps-là.
Et que sa tragédie
S'ra goûté' chez Véro-Dodat.
La mère Moreau, etc.

RERLUREAU.

Dieu de miséricorde!
Mam' Saqui sur la corde
A quatre-vingts ans remonta!
Dans la diplomatie
On garde c't' équilibre-là!
La mère Moreau, etc.

OCTAVIE.

On dit qu'on met en place
Un ch'min de fer pour la chasse,
Et qu' les perdreaux, apprenant c'la,
Form'nt une compagnie
Pour acheter ce ch'min d' fer-là
La mère Moreau, etc.

ROUSTOUBIC.

Des feuilles peu suspectes,
Pour détruir' les insectes,
Offrent des millions... rien que ça!
« Donnez, dit *la Patrie*,
« Et le charançon périra. »
La mèr' Moreau, etc.

MOREAU, *au public*.

Un auteur de la pièce
M'a dit : Grassot, j' te laisse
Le soin de nous sauver cela.
Or, sans cérémonie,
Messieurs, sous ce costume-là,
La mèr' Moreau vous prie
D'avaler c'te pièc'-là!

TOUS.

La mèr' Moreau vous prie, etc.

FIN.

LAGNY. — Imprimerie de VIALAT et Cⁱᵉ.

SCÈNE XVIII.

POURSUIVAUX.

On dit qu'l'auteur d'Ulysse.
Nous parle avec délice
Des troupeaux d'portes de ce temps-là.
Et que sa tragédie
S'ra goûté' chez Véro-Dodat.
La mère Moreau, etc.

MERLEREAU. —

Dieu de miséricorde!
Mam' Sagui sur la corde
A quatre-vingts ans remonta!
Dans la diplomatie
On garde c.f. équilibre-là!
La mère Moreau, etc.

OCTAVE.

On dit qu'on met en place
En ch'min de fer pour la chasse,
Et qu' les perdreaux, apprenant ç'la,
Form'nt une compagnie.

Pour cacheter ce ch'min d. fer-là
La mère Moreau, etc.

Des feuilles très suspectes,
Pour détruir' les insectes,
Offrent des millions... rien que ça.
« Donnez, dit la Parole.
« Et je t'èbarracbon pèrira. »
La mèr' Moreau, etc.

MOREAU, au public.

Du auteur de la pièce
M'a dit:Grasset, j', te laisse
Le soin de nous sauver cela.
Or, sans ceremonie,
Messieurs, sous ce costume-là,
La mèr' Moreau vous prie
D'avaler c'te piéc'-là!

TOUS.

La mèr' Moreau vous prie, etc.

FIN.

Lagny. — Imprimerie de Vialay et Cⁱᵉ.

LAGNY. — Imprimerie de VIALAT et Cie.

9 782329 298771